NOUVELLE

THÉORIE

DES ÊTRES,

Suivie des erreurs de Condillac *, dans sa Logique, et de celles de* Voltaire *dans sa Métaphisique, etc.*

Par le Cit. A U B R Y ,
ex - Prieur , et Principal du ci - devant
Collége Bénédictin de Commercy.

Constant namque suis *entia* cuncta modis.

A C O M M E R C Y ,

Chez D E N I S , Imprimeur - Libraire.

---

an XII.

PRÉFACE.

C'est à la renaissance de la rel'gion qu'on doit chercher les causes qui ont amené sa décadence. La principale de ces causes est , sans doute , la doctrine hardie et contradictoire , fausse et téméraire de plusieurs de nos idéologues modernes. Il est incroyable combien la lecture de Condillac, dont on se méfie si peu , et celle du trop célèbre Voltaire , malgré la défiance qu'on en a, ont renversé de consciences depuis 60 ans; combien elles ont fait de déistes, d'athées, de matérialistes. Ces lectures ont produit la désorganisation des gouvernemens , les haines , les divisions, les brigandages, les vols et les assassinats si fréquens dans notre révolution , et ont presque fait regarder ces crimes comme légitimes, ou propres à amener le bien public. Il serait trop dégoûtant de donner ici le tableau de ces tristes vérités ; ceux qui osent en soutenir la vue , peuvent le voir dans les cabinets des hommes d'état , et dans les archives de la police et des tribunaux.

a ij

iv

C'est pour empêcher le retour de tant de maux que je me propose aujourd'hui de montrer le contradictoire, le faux, l'absurde et le ridicule des systèmes qui les ont produits ; de rétablir les anciens principes, et de leur donner pour appui une nouvelle théorie des êtres, aussi vraie et aussi conforme à la raison que consolante et favorable à la religion. En conséquence, après avoir développé le plus succinctement possible cette nouvelle théorie, je réfuterai tous les idéologues qui, en l'attaquant, n'ont cherché qu'à dénaturer nos ames, dégrader la source de nos connaissances, et nous déspiritualiser. Je m'attacherai sur-tout à combattre l'un après l'autre, les principes de la logique de Condillac et de la métaphisique de Voltaire, qui tous sont contraires à mon système ; et, pour être plus court, non seulement j'abregerai les textes de ces écrivains, sans en altérer le sens, mais, pour ne pas me répéter moi même, ce qui serait fastidieux, je renverrai souvent à ceux de mes autres ouvrages, où j'ai déjà traité les mêmes matières.

NOUVELLE THÉORIE
DES ÊTRES.

§ 1.er

Du mot Nature.

NATURE est le mot, dont nos idéologues modernes se servent tous les jours, pour pouvoir se passer des idées de Dieu, de religion, de morale, et pour faire disparaître les rapports naturels qu'ont tous les êtres créés, avec le créateur. Soumettons donc ce mot magique au creuset de l'analyse, et considérons-le dans l'ordre intellectuel, l'ordre moral et l'ordre phisique.

Dans l'ordre intellectuel, la nature n'est autre chose que ce qui constitue chaque être en particulier, et qui fait qu'il est lui, et non pas un autre. Ainsi, la rondeur est la nature du cercle ; quatre côtés égaux forment celle du carré, etc.

Dans l'ordre moral, la nature est l'effet des inclinations et des sentimens qui sont communs à tous les hommes, et dont, par conséquent, personne ne peut s'éloigner, sans devenir un monstre. Tels sont la reconnaissance envers un bienfaiteur, la piété filiale, l'amour paternel, etc.

A 5

Dans l'ordre phisique, le mot *nature*, désigne non-seulement l'universalité des globes qui composent l'univers, mais encore tous les élémens qui constituent leurs habitans. Tels sont, pour les corps, les atomes plus ou moins ronds, crochus, carrés, gros, fins, déliés du mouvement ou du repos desquels dérivent leurs qualités de solides, liquides, chauds, froids, rouges, blancs, noirs, etc. Tels sont, pour les esprits, les sensations, les idées, les sentimens, et les inclinations ou instincts différens, dont l'immense variété forme toutes les espèces différentes d'esprits, et délinée dans chacun, quelquuns des attributs infinis de cette cause première d'où découlent nécessairement toutes les existences.

D'après cet examen analytique, si je demande à nos sublimes discoureurs de vertus, à tous nos alchymiques décompositeurs du cœur humain, pourquoi ils ne veulent pas qu'on analyse les principes des êtres spirituels aussi bien que ceux des corps, ils ne craignent pas de me faire entendre qu'il n'est point d'âmes distinguées des corps, ni de principes de conduite faits pour elles; qu'il ne doit pas plus y avoir de révélation de dogmes dans les ateliers de la morale, que de création dans les cabinets d'histoire naturelle; et que c'est la nature seule qui a créé le monde et ses habitans.

Mais de que"e nature parlent-ils? Est-ce de la nature en tant qu'elle est l'essence de chaque chose? Si c'est dans ce sens, la nature ne peut rien au-delà de ce qu'elle donne, et la rondeur qui est l'essence du

cercle, ne formera jamais le carré. Veulent-ils parler de la nature en tant qu'elle est sensation, idée,
sentiment ? Mais ces élémens de la nature spirituelle
supposent déjà l'existence des êtres sentans et sentis,
puisque ces êtres en sont constitués. Est-ce de la nature
en tant qu'elle est l'universalité des êtres, qu'ils veulent parler ? Mais la nature, dans ce sens, ne peut
avoir que les propriétés collectives des individus par-
ticuliers ; et, parmi ces propriétés, il n'en est aucune
qui puisse par soi-même, ou se donner l'existence,
ou la communiquer aux autres.

Qu'ils avouent donc, honteux de leurs défaites et
de leur ignorance, ces superbes idéologues, que si
leur système paraît une jolie chose, à la faveur
d'un mot qu'ils n'entendent pas, après un siècle de
procédés et de calculs, du moins il ne vaudra jamais
le sens commun, avec les mots qu'il entend et qu'il
définit bien. Qu'ils avouent qu'après avoir pour ainsi
dire, disséqué l'entendement humain, et mis sous les
yeux la pensée et ses élémens, on ne peut plus per-
sister dans l'athéisme, qui est l'extinction de toute
vérité et la dissolution de toutes choses.

On s'est moqué avec raison des réalistes et des no-
minaux, parce qu'ils se formaient des chimères. On
se rit encore aujourd'hui des qualités occultes de nos
anciens phisiciens, parce que ces qualités n'expli-
quaient rien ; mais peut-on préférer à ces inepties,
les ténébreux systèmes des idéologues qui cherchent
à nous cacher la nature et l'existence d'une première
cause ? Chacun ne doit-il pas déchirer, avec indi-

A 4

gnation, les fatales machines qu'ils dressent tous les
jours contre la religion, et qui, malgré tous leurs
efforts, et les applaudissemens des sots, vont toujours
ventre à terre ?

§ II.

Du mot substance.

S'il est question de matière, on peut dire qu'il n'est
que l'atome qui soit une substance, parce qu'il est
seul la matière qui subsiste par elle même, et dont
les modes qui sont simples ne puissent-être anéantis
que par celui qui les a créés. Le corps est bien aussi
une substance, puisqu'il subsiste, mais une substance
qui ne se soutient pas par elle même, puisqu'elle est
continuellement dans un état de fluidité, d'acquisi-
tion ou de déperdition de matière ; que la durée de
ses parties ou de ses organes dépend de la régularité
d'un flux continuel, homogène, régulier et bien pro-
portionné des atomes qui le composent ; et que tous
ses modes sont accidentels, puisqu'ils changent sans
cesse, et qu'autrement tout corps serait immortel par
lui même ou d'une durée éternelle comme l'atome.

S'il est question d'esprits, on peut dire qu'il n'en
est aucun qui n'existe par-lui même, puisque tous
sont simples ou formés de modes substantiels inva-
riables, et que chacun reste toujours le même dans
son espèce, à cela près que les facultés de ceux des
esprits qui sont unis à des corps, ne sont pas, dans
tous les tems également développées, parce que ce
développement dépend toujours beaucoup du tempé-
rament plus ou moins régulier de ces corps, de

l'Age, des raisons, du gouvernement etc. ; et que ce développement ne peut rien ajouter ou retrancher à une substance, mais seulement y faire connaître ce qu'il y a.

§ III.

Théorie qu'il faut préférer.

Parmi les systèmes qu'on peut adopter, dans tous les genres de discussion, il faut toujours préférer ceux qui présentent des idées plus claires, plus distinctes, qui rendent mieux raison des phénomènes, et donnent des solutions plus satisfaisantes aux objections. Or, quoi de mieux, à tous égards, que la théorie qui fait consister l'essence des êtres dans l'assemblage de leurs attributs, ou modes substantiels ? Qu'est-ce qu'un Etre quelconque, si on retranche de son idée celle de ses attributs ? (*Voyez* anti-Condillac, *page* 15.)

§ IV.

Théorie de la nature divine.

Qu'y a-t-il de plus naturel pour connaître et distinguer les esprits, que de dire que Dieu est l'ensemble incréé, infini et éternel des sensations, des idées, et des sentimens, ou volontés éternelles qui le constituent ? Par ses sensations incréées, Dieu sent, sans aucun besoin d'organes, tous les êtres corporels qu'il a formés. Par ses idées incréées, il se voit lui-même, et tous les êtres spirituels qu'il a créés ; et par ses sentimens incréés, il apprécie et veut, dès l'éternité, l'existence de tous les Etres spirituels et corporels auxquels il donne ou a donné l'existence.

A 5

On ne doit pas croire cependant que la sensation
de la douleur convienne à Dieu. La douleur n'a sa
source que dans l'abus du plaisir dans les êtres créés,
et Dieu qui est infini et incréé, ne saurait abuser de
s n être, parce qu'il est nécessairement et infiniment
dans l'ordre, et qu'il ne saurait sortir de lui-même.
Dans les êtres créés, l'absence du plaisir forme le
repos, comme l'absence de la lumière forme les ténèbres ; et l'usage déréglé du plaisir forme la douleur, comme l'exercice trop prolongé des membres
forme le mal-être qu'on appelle fatigue. Dans Dieu,
le plaisir n'a point d'absence, parce qu'il est éternel,
et son développement ne forme jamais de douleur,
parce qu'il ne saurait être plus petit ou plus grand,
ni moins réglé que son être.

§ V.

Théorie des esprits créés, intelligens et libres.

Quoi de plus raisonnable que de dire des esprits
intelligens et libres, qu'ils sont l'assemblage créé,
plus ou moins borné, des sensations, des idées et des
sentimens qui constituent la divinité, puisque ces esprits ne peuvent concevoir ni agir que par ces parties constituantes, et que c'est par elles qu'ils sont
l'image de Dieu ? Retranchez de l'idée du corps
l'étendue en longueur, largeur et profondeur, il ne
reste plus rien par quoi vous puissiez le comprendre.
Retranchez de celle de l'ame les sensations, les idées
et les sentimens, vous l'anéantissez absolument.

D'après ces notions, pourquoi le philosophisme
trouve-t-il les mystères de la Trinité et de l'Incar-

nation si-contraires à la raison ? Ne voit-on pas,
dans notre ame, l'image de l'un et de l'autre ? notre
ame n'est-elle pas incarnée par son union avec un
corps ? comme source des sensations qui la constituent, cette ame ne représente-t-elle pas le Père ?
Comme renfermant toutes les idées qu'e priment nos
paroles, ne représente-t-elle pas le verbe divin ? comme exprimant l'amour qui unit nos sensations, nos
idées et nos sentimens, ne montre-t-elle pas le St.-
Esprit qui unit le Père au Fils ? La parole intérieure
de l'ame, se revêt du son de la parole extérieure
pour se faire connaître, comme le verbe de Dieu
s'est fait chair, pour se faire connaître à nous. Comme le verbe de l'ame est formé de ses idées et leur
est entièrement égal, de même le verbe de Dieu est
lumière de lumières, Dieu de Dieu et le même Dieu.
Le verbe intérieur de l'ame précède ses ouvrages
au dehors, et peut être sans ses ouvrages ; le verbe
divin précède aussi ses créatures et peut exister sans
elles. Si les facultés de notre ame ne sont pas des
personnes, comme en Dieu, c'est qu'elles sont créées
et bornées ; et si, en Dieu, les mêmes facultés cor-
relatives sont des personnes, c'est qu'elles sont incréées et parfaites. D'ailleurs nos facultés n'en sont
pas moins distinctes entre elles, et n'en forment
pas moins une seule et même ame créée.

Que veut dire M.ͬ Mercier de l'Institut, quand,
dans son discours sur les Sépultures, il assure que la
sensation est la seule chose qui existe en fait de matière ? Veut-il nous faire croire que nos sensations
sont matérielles ? Mais il n'en est aucune qui soit éten-

due en longueur, largeur et profondeur, aucune qui occupe matériellement un espace, aucune qui soit molle, dure etc. Que veut il dire encore, quand il ajoute que la pensée n'est que le développement d'une chose unique, indivisible, indestructible ? N'est-ce pas là du pur galimatias ? Cette chose unique est-elle autre que nos sensations, nos idées, nos sentimens ? Ou le développement de nos pensées se fait dans notre ame, ou dans les objets extérieurs : S'il se fait dans notre ame, c'est donc notre ame qui se développe elle même, et cela rentre dans mon système ; s'il se fait dans les objets extérieurs, alors je lui demande comment l'ame peut éprouver une manière d'être si étrangère à sa nature ? Peut-il nier que la nature de l'ame soit toute entière dans ces deux vers :

Mentem nosce tuam, tua mens est omnia quæque
Sentis, cognoscis, vel benè, vel malè vis ?

§ VI.

Théorie de l'ame des bêtes.

Peut-on ne pas regarder l'ame des bêtes comme l'assemblage créé des sensations seules, puisque ne variant aucune de leurs actions, elles ne peuvent avoir que ce dernier dégré de la spiritualité ? Si l'instinct, qui est le premier mouvement des sensations qui dirigent les bêtes, était éclairé par des idées, comme nos demi-philosophes l'imaginent, ne montrerait-il pas, en elles, la même perfectibilité que dans l'homme ? On le sait, si le mouvement des sensations est spontané, il n'en est ni moins aveugle, ni moins déterminé à une seule chose, ni par conséquent plus propre à conduire à la perfection. (*Voyez lettres critiques, page* 33, *et théorie de l'ame des bêtes, page* 18.)

§ V I I.

Théorie de la matière.

N'est-il pas tout simple aussi de regarder les atomes qui composent les corps, comme des êtres simples, étendus en longueur, largeur et profondeur, et par conséquent, aussi solides qu'indivisibles ? Tout corps n'est-il pas l'assemblage individuel, mais divisible, d'un plus ou moins grand nombre d'atomes réunis pour le former ? Il est toujours plus ou moins solide ou fluide, selon que les atomes qui le composent, sont plus ou moins ronds, crochus, carrés, etc. (*Voyez anti-Condillac, page* 17.)

§ V I I I.

Existence de la matière.

Mr Mercier, en soutenant que la matière n'existe pas, parce qu'elle ne se connaît pas, veut-il dire que c'est la connaissance qui donne l'existence ? Mais les corps bruts qui ne se connaissent pas, en existent ils moins ? Si c'est la connaissance qui donne l'existence, pourquoi une maison dont je connais le plan, ne se trouve-t-elle pas bâtie d'avance. Si les corps n'existent que par la connaissance, ils n'existent donc qu'en idées, et Dieu nous trompe, puisque nos sensations sont toujours accompagnées du sentiment de l'existence de ces corps. La matière existe, parce qu'elle frappe nos organes, et que cet effet a une cause qu'on ne saurait accuser de mensonge.

§ I X.

Epoque de l'existence de la matière.

Si on me demande l'époque de l'existence de la matière, je réponds que n'ayant par elle-même aucune raison suffisante pour exister, elle a dû n'être créée que pour former le monde ; car le pouvoir de la matière, en total, si elle en a, n'est que celui de la matière en détail ; or quel élément de la matière en particulier, ou quel corps organisé, en général, peut se flatter d'exister par lui-même ?

On ne peut donner d'autre époque sûre, de la création de la matière et du monde, que celle que Moyse nous a transmise ; mais il suffit, pour donner le démenti à tous nos philosophistes, sur l'éternité du monde, qui est leur croyance favorite, de prouver l'impossibilité d'un mouvement perpétuel, hors le souverain moteur de l'univers ; or, rien de plus facile. Alléguera-t-on la circulation du sang dans l'homme et les animaux ? Mais cette circulation n'est pas perpétuelle, puisqu'elle commence et finit dans chaque individu, qu'il faut qu'on l'entretienne par la nourriture et la boisson, et que, si elle passe d'un individu à l'autre, par la génération, rien ne saurait garantir la durée éternelle de ce passage, que la volonté du créateur ; puisque tout corps a en lui-même les semences de sa destruction, ce qui ne saurait s'accorder avec l'idée d'un mouvement perpétuel. Dira-t-on que le monde entier jouit d'un mouvement auquel on ne voit ni commencement ni fin ? Mais ne voit-on pas, dans tous les siècles, des pertes partielles et des changemens dans tous les

globes auxquels nos yeux peuvent atteindre ? Or qu
peut nous garantir que dans quelques millions d'an-
nées, une conflagration ou un boulversement général
des globes ne ramenera pas l'ancien cahos, qui a
été la matière première de toutes les existences corporelles ? le déiste lui-même, qui croit à l'existence
d'un souverain moteur, n'est-il pas forcé d'avouer
que Dieu ne saurait faire son semblable hors de lui-
même ?

Ainsi que la matière soit créée, comme le vou-
laient Moyse et Platon qui croyaient que Dieu
n'agit pas nécessairement hors de lui-même ; ou qu'elle
soit éternelle comme l'assurait Aristote qui pensait
que Dieu agit nécessairement hors de lui-même : elle
n'en est pas moins l'effet connu et certain, temporel
ou éternel du créateur, puisque, d'un côté, tous nos
sens le montrent, et que, de l'autre, rien ne pouvant
sortir de rien, tout ce qui existe dépend nécessairement d'un créateur tout-puissant qui donne l'être,
et infiniment bon et sage qui le conserve.

§ X.

Propriétés de la matière.

Les atomes et les corps qui composent la matière,
n'ont d'autre propriété essentielle que leur extension en longueur, largeur et profondeur ; ils n'ont
donc par eux-mêmes qu'une force d'inertie qui suppose repos et figures, indivisibilité dans les atomes et
divisibilité dans les corps. Si donc ces atomes et ces
corps ont par-delà, du mouvement, ils le doivent à
des êtres différens d'eux-mêmes, c'est-à-dire, à des

ames ou à des lois phisiques établies pour eux par
l'auteur de la nature. (*Voyez questions aux Philo-
sopher*, *page 11.*)

§ X I.

Causes du mouvement de la matière organisée et vivante.

Ainsi les causes du mouvement de la matière
organisée et vivante, sont des êtres spirituels, en tant
qu'ils ont ensemble ou séparément les trois principes
d'activité, qui sont les sensations pour sentir les êtres
corporels, les idées pour comprendre les spirituels,
et les sentimens pour déterminer les actions des êtres
raisonnables et libres. Dieu est le premier moteur,
ou la cause première, spirituelle, incréée et éternelle,
qui donne par lui-même le mouvement au monde.
Les êtres sensibles et intelligens créés sont les causes
naturelles du mouvement des corps auxquels ils sont
unis, et de la détermination éclairée ou aveugle de
ce mouvement. Les lois phisiques sont aussi des causes
de mouvement; mais elles ne regardent que les corps,
et ne sont, conséquemment, libres, et spontanées
que dans le premier moteur qui les a établies.

§ X I I.

Liberté et spontanéité des mêmes causes.

Dieu est libre, parce qu'il connaît tous les objets
possibles, et qu'il peut départir à tous ceux qu'il
veut créér, plus ou moins de ses perfections, selon
sa volonté. L'homme est libre, parce que ses idées
lui font connaitre les objets, et que ses sentimens

l'attachent ou l'éloignent d'eux, non toujours selon son penchant, qui est plus ou moins gâté par l'éducation, mais toujours selon sa volonté, dont la détermination, bonne ou mauvaise, qui mérite récompense ou peine, dépend toujours de lui. La bête n'est pas libre, et n'a que de la spontanéité dans ses mouvemens, parce qu'elle manque de la lumière des idées qui forme l'intelligence, et de l'énergie des sentimens qui, en formant la volonté, détermine librement, c'es-a-dire, avec connaissance de cause. (*Voyez* anti-Condillac, *page* 27.)

Voyons maintenant, s'il ne suffira pas de l'application des principes plus que probables de cette théorie, pour ôter toute probabilité aux systèmes de Condillac, Voltaire, etc.

LOGIQUE

DE CONDILLAC.

CHAPITRE PREMIER.

Des premières leçons de l'art de penser.

*Nos sens sont nos premières facultés. Si nous
avions été privés de la vue, nous ne connaîtrions
ni la lumière, ni les couleurs. Qu'el est votre but,
trop célèbre Abbé, dans une assertion dont le sens
est si équivoque ? Voulez-vous nous persu der qu'il
n'existe point d'êtres insensibles, ou que de els êtres
peuvent se composer d'élémens sensibles ?   vous ne
voulez point d'êtres insensibles, vous ne v ez donc
ni Dieu, ni âmes, puisque ces êtres sont   percep-
tibles à tout ce que vous appellez organ   les sens ;
et si vous composez ces êtres d'élémens   nsibles à
nos organes, outre que votre assertion   une contradiction dans les termes, vous tom z dans le
matérialisme le plus cru. Pourquoi aim vous tant
les équivoques dans les mots ? Avez-vous donc oublié
que nos sens sont la faculté de sentir, et non nos
organes, et que la faculté de sentir est fondée, non
sur nos organes qui sont matériels, m s sur les sensations développées ou indéveloppées q ntrent dans
la constitution spirituelle de notre âme   ubliez-vous*

que nos organes ne sont que la cause occasionnelle
à laquelle Dieu a attaché le développement de nos
facultés ? Nos sens, comme vous les entendez, ne
sont pas des facultés, et quand nous sommes privés
de la vue, c'est-à-dire de nos yeux, notre ame n'en
est pas moins formée des sensations qui fondent sa
faculté de voir : *tua mens est omnia quæque sentis.*
(*Voyez* théorie de l'ame des bêtes, page 2 et 13.)

*Les enfans acquièrent des connaissances sans notre
secours ; ils ont donc un art pour en acquérir, et
ils en suivent les règles à leur insu.* D'accord, mais
sur quoi est fondé cet art ? N'est-ce pas sur les idées
et les sentimens qui accompagnent leurs sensations ?
N'est-ce pas de ces trois modes qu'est formée la
substance de leurs ames ? Comment des sensations,
toujours aveugles de leur nature, pourraient-elles
devenir des connaissances? Ah ! Newton, ah ! Mallebranche, que vous étiez sots de vous dessécher le
sang par vos longues études ! il ne fallait, selon Condillac, que suivre l'art de la simple nature, sans
même chercher à en connaître les règles. (*Voyez*
anti-Condillac, *page* 8.)

*Nos facultés et nos besoins dépendent de l'orga-
nisation, et varient comme elle ; la nature est la
conformation des organes.* C'est donc au corps seul,
profond Condillac, qu'appartiennent nos facultés et
nos besoins. Si la nature est la conformation des organes, il n'est plus besoin d'une ame distinguée du
corps. Courage, grand génie, votre logique débar-
rasse tous les impies du fardeau gênant de la cons-

cience, puisque ce fardeau ne saurait appartenir au corps.

Vous ne niez pas l'existence d'une ame, dites-vous, mais, en quoi consiste sa nature ? De deux choses l'une : ou les facultés spirituelles de cette ame constituent sa substance, ou elles ne la constituent pas. Si ces facultés constituent sa substance, les sensations, les idées et les sentimens qui les fondent sont innés, et par conséquent indépendans de l'organisation. Si ces facultés ne constituent pas sa substance, rien ne la constitue ; puisque, selon vous, la nature est la conformation des organes, et que nous pouvons par conséquent, avoir sans ame, nos facultés comme nos besoins. (*Voyez* théorie, etc. *page* 5 *et* 13.)

Le plaisir et la douleur sont nos premiers maîtres ; ils nous éclairent, parce qu'ils nous avertissent. Mais, sublime Métaphisicien, comment ces deux sensations, qui sont aveugles de leur nature, peuvent-elles nous éclairer ? Est-ce en se transformant en idées lumineuses ? mais ce qui n'est que ténèbres ne saurait devenir lumière. Ces sensations, avant même leur transformation, n'appartiennent point au corps, comment, après cette transformation, pourraient-elles lui appartenir ? Dites plutôt, docte Condillac, et vous direz plus vrai, dites que nos organes sont les causes occasionnelles du développement de nos sensations, et que nos sensations servent à nous faire distinguer et connaître la lumière de nos idées, sans que, pour cela, elles deviennent ou puissent devenir des idées elles-mêmes. Il ne faut pas confondre les organes avec les sens. Les organes sont corporels, et peuvent se dissoudre, et nos sens sont spirituels, puisqu'ils sont la faculté de sentir, et e-même, fondée sur toutes les sensations développées ou indévelop-pées, qui sont une partie intégrante et indissoluble de l'ame. (*Voyez* anti-Condillac, *page* 5.)

CHAPITRE II.

Nature de l'analyse.

Analyser c'est observer, dans un ordre successif, les qualités d'un objet, afin de leur donner, dans l'esprit, l'ordre simultané dans lequel elles existent. D'accord, mais l'analyse vaut-elle mieux pour cela, que la synthèse, comme vous le prétendez? N'est-il pas égal de remonter des dernières qualités d'un objet, aux premières, ou de descendre des premiè-res aux dernières ? (*Voyez* anti-Condillac, *page* 56.)

L'esprit voit plus que l'œil ne peut voir. C'est comme si vous disiez : l'eau d'un ruisseau coule plus que le caillou qui est au fond, ne peut couler. L'œil ne voit rien; il n'est qu'un instrument passif; c'est l'ame qui voit, parce qu'elle est seule parmi les êtres créés, qui soit active, sensible et intelligente par elle-même. (*Voyez* anti-Condillac, *page* 45.)

C'est à l'ame qu'appartiennent toutes les sensa-tions de la vue. Vous venez cependant, Mr., d'attri-buer la vision à l'œil; mais si elle appartient effec-tivement à l'ame, pourquoi ne convenez-vous pas que toutes nos sensations sont innées ? Notre faculté

de sentir n'est-elle pas autant fondée sur nos sensations, que notre faculté de marcher sur nos jambes?
D'où viendrait la première sensation de la vue si elle
n'était pas innée ou si l'ame la recevait du dehors?
Les objets extérieurs ne sont, comme les organes,
que des causes occasionnelles du développement de
nos facultés. (*Voyez* anti-Condillac, *page* 38.)

CHAPITRE III.

Des effets de l'analyse.

Chacun de nous peut remarquer qu'il ne connaît
les objets sensibles que par les sensations qu'il en
reçoit. Peut-on connaître les objets par des sensa-
·ions aveugles? Un chien voit les objets par ses sensations ; les connaît-il pour cela ? On ne connaît que
par des idées. Si les bêtes vont à leur but, comme
l'homme, ce n'est pas, avec connaissance de cause,
comme lui, c'est par l'instinct, c'est-a-dire, par le
mouvement naturel que déterminent leurs sensations ;
ce qui se fait en elles, quand rien ne les détourne,
aussi sûrement qu'un petit corps se porte vers un
plus grand, par la loi de l'impulsion ou de l'attraction.
(*Voyez* Théorie, *page* 12 *et* 29.)

Les sensations considérées comme représentans
les objets sensibles, se nomment idées. Quel abus
des mots, tortueux philosophe ! Par quel enchante-
ment, ce qui n'est qu'aveugle, peut-il devenir lu-
mineux, ou représenter quelque chose d'intelligible ?
Qu'est-ce que présente une sensation ? Une image
sensible ? Mais une image est-elle intelligible par

elle-même ? Votre chien vous voit, il vous sent, il
distingue votre image de celles des autres hommes;
mais il ne vous connaît pas, parce qu'il manque des
idées qui font connaître. Votre image est pour lui
une sensation, et non une lumière intelligible qui
lui fasse connaître l'essence de votre ame, parce que
cette image représente bien quelques qualités du
corps, mais aucune de l'ame. (*Voyez* lettres critiques, *page* 28.)

Nos idées sont des sensations actuelles, ou des
souvenirs de sensations. Quoi ! M.ʳ l'abbé, vous
supposerez toujours ce qui est en question ? Peut-il
y avoir des idées sans lumières ? La bête a des sensations qui sont souvent plus fines que celles de l'homme; pourquoi donc, si elles sont lumineuses, ne
peut-elle sortir de l'état de bête ? N'est-ce pas parce
qu'aucune sensation n'est lumineuse, et que les idées
sont toujours nécessaires à l'existence et au progrès
des lumières. (*Voyez* lettres critiques, *page* 26 *et*
40.)

Je veux connaître une machine ; je la décompose
pour en voir séparément chaque partie. Oui, mais
si nos idées ne sont que des sensations, ou des sou-
venirsde sensations, comment connaîtrez-vous chaque partie de cette machine ? Conçoit-on avec les
seules sensations ? La bête qui voit deux bâtons,
distingue-t-elle deux unités ? A-t-elle l'idée de quatre
bouts ? Les sensations font voir, et les idées font
concevoir.

CHAPITRE IV.

Moyen de connaître les objets.

Nous ne pouvons aller que du connu à l'inconnu. Oui, dans le système, que nous faisons nos idées nous-mêmes ; mais ce système est-il fondé ? Je conçois bien que, dans le premier instant de son existence, l'ame de l'homme ne connaît encore rien ; mais si, dès cet instant, elle n'avait pas le germe de toutes ses connaissances, comment pourrait-elle en développer les premiers principes, ou aller du connu à l'inconnu ? Et si elle a ce germe, pourquoi nos facultés ne se développeraient-elles pas, avec une égale facilité, soit par la synthèse, soit par l'analyse, aussitôt que nos sensations réveillent les idées des corps, et nos sentimens, celles des objets sensibles et insensibles, avec les rapports de tous envers nous, et de nous envers eux ?

Nos premières idées ne sont qu'individuelles ; mais par le nom de genre et d'espèce, elles deviennent générales. Combien d'erreurs en peu de mots ! Quoi ? des modes simples de l'ame peuvent-ils devenir autre chose que ce qu'ils sont ? Les noms de genre et d'espèce expriment, non des idées qui sont nécessairement unes, mais l'action ou le jugement de l'ame, qui renferme, dans un seul mot, plusieurs idées. Il n'existe point d'arbre général, pourquoi y aurait-il des idées générales ? Aucune idée ne renferme deux objets ; s'il s'en trouve plusieurs dans celles qu'on appelle générales, comme celles qui sont

renfermées

renfermées dans le mot *homme*, c'est que ce mot
exprime, non une idée simple, mais un jugement
implicite, celui que l'homme est un animal raisonnable. (*Voyez* lettres critiques, *page 29*, *et* anti-
Condillac, *page 21.*)

*Nos sensations sont les seules idées que nous ayons
des objets sensibles ;* et, sans doute, elles sont aussi
la seule lumière qui éclaire votre assertion. Vous
voilà donc, noble Condillac, au niveau de votre
chien ; comme lui, vous sentez vos amis, vous les
aimez aussi machinalement que fortement ; mais
vous ne les connaissez pas plus que lui, puisque vous
n'en avez que des sensations. Si l'homme n'avait
pas plus d'idées des objets sensibles qu'un singe qui
a autant de sensations que nous, ferait-il tant de
choses que le singe ne peut pas faire ? Les sensations
montrent les corps, mais elles ne les font pas connaître, parce qu'elles ne renferment aucune lumière.

*Nous ne voyons pas quel est le sujet des qualités
du corps, quelle est sa nature, quelle est son essence.* Quoi ! dissimulé Condillac, vous ne voyez pas
que tout corps est le sujet de ses attributs ; qu'il est
susceptible de différentes formes, et que toutes ses
formes actuelles ou possibles sont fondées sur sa
triple extension en longueur, largeur et profondeur ?
C'est donc bien envain que vous avez tant médité,
tant écrit, tant enseigné. Nous ne voyons pas, il
est vrai, par les sensations, l'essence des corps,
parce que les sensations sont aveugles, mais nous la
voyons par les idées qui nous font voir la possibilité

B

de toutes les formes et de tous les mouvemens dont
leur triple extension les rend susceptibles. (*Voyez
lettres critiques, page* 38.)

CHAPITRE V.

Des idées des objets insensibles.

*D'après les effets qu'on voit, on juge des causes
qu'on ne voit pas. Le mouvement d'un corps est un
effet, et la cause de cet effet, je l'appelle force.*
Eh bien ! pénétrant Condillac, indiquez-nous donc
la cause du flux et du reflux de la mer, et de l'attraction du fer par l'aimant, puisque vos yeux
voyent ces effets. Vous appellez force la cause du
mouvement des corps ; je ne m'y oppose pas ; mais
d'où vient cette force ? N'est-elle pas, par essence,
dans le créateur de tous les mondes, et par communication dans toutes les âmes animales ? Il est
vrai que les corps bruts ont aussi leurs mouvemens,
et, par conséquent leurs forces, sans âmes animales ;
mais ce mouvement et cette force, qui ne sont ni
volontaires, ni spontanés, sont le simple effet des
lois physiques que Dieu a établies pour eux. (*Voyez
théorie, page* 17.)

*J'apperçois l'espace en voyant les objets sensibles
qui l'occupent, et j'apperçois la durée du tems dans
la succession de mes idées et de mes sensations.*
Fort bien, mais si les êtres corporels étaient tout
d'un coup anéantis, la place qu'ils auraient occupée n'existerait-elle plus ? Et si les êtres intelligens
et sensibles cessaient d'exister une minute, et étaient

créés de nouveau l'instant d'après, le tems serait-il coupé en deux ? L'espace et le tems sont des parties intelligibles de l'immensité et de l'éternité divines, et ne sont distinctes de la divinité elle-même, qu'autant qu'elles sont communiquées aux créatures. (*Voyez leçons métaphisiques, page 7.*)

Nous n'avons pas toujours l'idée de toutes les choses auxquelles nous donnons des noms. Soit, mais au défaut de l'idée de ces choses, n'en avonsnous pas le sentiment ? Je n'attache pas d'idée au mot force, mais j'y attache le sentiment de l'énergie, et ce sentiment a sa certitude comme l'idée, puisque, s'il ne prouve pas, il inculque et persuade l'existence de son objet. Nous sommes toujours réduits à l'énergie du sentiment, à l'égard de tous les mystères de la nature et de la religion.

CHAPITRE VI.

Continuation du même sujet.

Pourquoi la moralité de nos actions ne tomberoit-elle pas sous les sens ? Ne consiste-t-elle pas dans la conformité de nos actions avec les lois ? Quel paradoxe, M.ʳ l'abbé ! Si nos yeux servent à nous faire voir nos actions et les lois écrites, en comprennent-ils ou nous en font-ils comprendre le sens ? Nos yeux nous montrent les objets corporels, nos oreilles nous les font entendre ; mais aucun de nos organes ne nous en fait concevoir la nature, ni même l'existence. Si les bêtes voyent et entendent comme nous, elles n'en savent rien, parce que toute

B 2

sensation est aveugle, et que le mouvement des
sensations, qu'on appelle instinct, peut bien diriger
les êtres sensibles, sans les éclairer par des idées.
Pour que nos idées et nos sentimens n'échapassent
pas à nos organes, il faudrait que la vérité et l'er-
reur, les vertus et les vices eussent leurs couleurs
et leurs odeurs, et qu'au par-delà nos organes eussent la faculté de sentir et de juger par eux-mêmes.

CHAPITRE VII.

Analyse des facultés de l'ame.

Où découvrirons-nous les facultés de notre ame,
sinon dans celle de sentir? C'est parce que l'ame
sent qu'elle conçoit. Ah! hardi philosophe, quelle
doctrine! Si cela est, à quoi bon nos idées et nos
sentimens? les sensations suffisent. Il est vrai que la
bête, qui n'a que des sensations, voit un arbre
comme nous, mais conçoit-elle, comme nous, la
possibilité d'une infinité d'arbres semblables? N'i-
gnore-t-elle pas complettement les usages infiniment
variés qu'elle en pourrait faire, si, comme nous,
elle avait des idées et la faculté de les comparer?
(*Voyez* Théorie, page 2.)

Pour décomposer la faculté de sentir, il suffit
d'observer successivement tout ce qui se passe dans
l'ame, lorsque nous acquérons une connaissance
quelconque. Comment, bon Condillac, décompo-
seriez-vous la faculté de sentir? il faudrait pour
cela, décomposer votre ame; et votre ame, sans
doute, est un être simple. Lorsque nous acquérons

(29)

une connaissance quelconque, nous ne décomposons
pas notre faculté de sentir, ni celle de concevoir,
puisque nos sensations et nos idées sont simples ;
mais nous développons successivement et selon le
besoin, soit les sensations qui nous font sentir, soit
les idées qui nous font concevoir, soit enfin les sentimens qui nous font choisir entre les objets. D. là il
suit que l'habitude de développer nos sensations
forme l'instinct, celle de développer nos idées
forme la raison, et celle de développer nos sentimens constitue notre volonté ou notre liberté.
(*Voyez* questions aux Philosophes, *pages* 3 *et* 9.)

*Lorsqu'une campagne s'offre à ma vue, je vois
tout d'un coup d'œil, et je ne discerne rien encore.*
Ajoutez, grave philosophe : et quand je discerne,
ce sont des idées et non des sensations qui se déve-
loppent. Quand on discerne, on juge, et quand
on juge, on développe un sentiment et non une sensation. Le jugement est un acte de l'ame, et les sensations, les idées et les sentimens sont les trois élémens de son être.

*L'attention que nous donnons à un objet n'est de
la part de l'ame que la sensation que cet objet fait
sur nous.* Mais, peut-on faire attention à un objet,
sans l'intermédiaire de l'idée de l'objet, et cet objet
qui est extérieur à l'ame pourrait-il développer en
elle une sensation, si cette sensation n'y était pas
déjà indéveloppée? La friction de deux cailloux
ne fait sortir du feu que parce qu'il y en a dans
tous deux. La bête, dont l'ame n'est formée que

B 3

de sensations, peut bien suivre la direction de l'instinct, qui la porte ou l'éloigne machinalement d'un
objet, mais non avoir l'attention qui compare les
idées. Quand, occupée de plusieurs sensations à-la-
fois, elle a l'air de les comparer ; quand elle évite
des pièges, ou qu'elle en tend ; elle ne compare pas
des idées qu'elle n'a pas, mais elle suit sa sensation
la plus forte, et cela aussi nécessairement qu'une
girouette obéit au vent le plus fort. (*Voyez Théorie*,
page 29.)

Le jugement n'est que les sensations, car apper-
cevoir des ressemblances et des différences, c'est
juger. O ! docte Condillac, où est votre logique ?
On sent par la sensation, mais est-ce par elle qu'on
examine et qu'on juge ? Un chien qui, en suivant
sa sensation, préfère un os à une pierre, juge-t-il ?
il ne fait qu'obéir aveuglement à la plus forte de ses
sensations. Nos sensations ne ressemblent pas plus
aux idées qui composent nos jugemens, que des
caractères d'imprimerie ne ressemblent à l'Iliade.

La réflexion n'est qu'une suite de jugemens qui
se font par une suite de comparaisons ; et puisque
dans les comparaisons et les jugemens, il n'y a
que des sensations, il n'y a donc aussi que des
sensations dans la réflexion. Une sensation peut-
elle se comparer elle-même à une autre sensation,
et juger de son rapport avec elle, puisqu'elles sont
toutes deux aussi aveugles l'une que l'autre ? La réflexion n'est qu'une suite de jugemens, il est vrai ;
mais est-ce de nos sensations que sont formés nos

jugemens ? La bête a autant de sensations que l'homme ; direz-vous qu'elle peut acquérir autant de connaissances ? peut-elle, comme nos poëtes, rassembler, dans un seul individu, les qualités qui sont séparées dans plusieurs, et se faire, comme eux, l'idée d'un héros qui n'a jamais existé ? Si cela est, pourquoi votre chien, qui a des sensations si fines, ne fait-il pas le roman de Candide, et même votre logique ?

CHAPITRE VIII.

Continuation du même sujet.

On voit que les facultés de l'ame ne sont que la sensation qui se transforme pour devenir chacune d'elles. O l'admirable découverte ! combien est précieuse cette propriété de la sensation ! semblable à la chenille qui devient successivement crysalide et papillon, la sensation peut se flater d'être la mère des idées lumineuses et des sentimens généreux ; elle peut même, s'il plait au second Condillac, faire de la chenille, puisque la chenille a des yeux, un a-lande, c'est-à-dire, un excellent astronome. (Voyez Anti-Condillac, page 35.)

CHAPITRE IX.

De la mémoire.

L'animal peut être réduit à un état de végétation ; il y est naturellement par un sommeil profond ; il y est accidentellement par une attaque d'apoplexie. Oui, sans doute, docteur sublime ; et

B 4

quand vous avez dormi sans vous souvenir de vos
songes, ou que vous tombez en apoplexie, votre
ame a déjà abandonné votre corps à la végétation.
Mais si, en assurant ce paradoxe, vous êtes fidèle
à vos principes, vous mentez cruellement à votre
conscience. (*Voyez* Questions aux Philosophes,
page 12.)

*La sensibilité a pour cause la communication qui
est entre les organes et le cerveau.* Pourquoi ne
dites-vous pas entre les organes et les organes,
puisque le cerveau est aussi un organe? Sans doute
il fallait que la sensibilité ne résidât pas dans l'ame,
mais qu'elle fut uniquement renfermée dans le corps.
O! triste doctrine, qui réduit l'homme à la matière,
et qui élève la brute au niveau de l'homme! Je conçois bien que la sensation peut être interrompue,
arrêtée ou suspendue, parce que ses développemens
dépendent des organes, comme de leurs causes occasionnelles, et que ces organes font quelquefois mal
leurs fonctions; mais dans tout état du corps, la
sensibilité phisique ne réside-t-elle pas toujours dans
l'ame, et n'y est-elle pas attachée invariablement
aux sensations développées ou indéveloppées qui la
constituent? (*Voyez* Questions aux Philosophes,
page 3.)

*L'action des sens sur le cerveau rend donc l'a-
nimal sensible.* Ne dirait-on pas, que vous prenez
ici le cerveau pour l'ame? Mais, trop transparent
Condillac, pourquoi une pareille méprise? le cerveau qui est matériel peut-il être le sujet d'une

sensation qui est spirituelle? Pourquoi séparez-vous ici les sens des organes, puisqu'ailleurs vous les confondez? Souvenez-vous donc, une bonne fois, qu'aucun animal ne peut être sensible que par ses sensations indéveloppées, et sentant que par ses sensations développées. (*Voyez* Anti-Condillac, *page* 4.)

Les idées sont des manières d'être de l'ame. Hé! pourquoi pas des manières d'être du cerveau, puisque vous attribuez la sensibilité à l'action des sens sur cet organe, et que les idées, selon vous, viennent des sens. On le voit assez, M.^r l'abbé, il n'est pas nécessaire qu'un philosophe soit toujours d'accord avec lui-même.

Nos idées deviennent, quand on ne s'en occupe plus, ce que devient la rondeur d'un corps, qui prend une autre figure. Mais, grave philosophe, un corps qui prend une autre figure, perd-il son essence ou son aptitude à sa figure première? Un pain de cire rond perd-il sa nature de cire, en perdant sa rondeur? L'essence de tout être créé consiste dans ses modes substantiels, et non dans ses modes accidentels. L'essence des atomes est dans leur triple extension en longueur, largeur et profondeur, et celle des esprits dans les trois modes substantiels, sensations, idées, sentimens. Arrangez les atomes comme vous voudrez, ils ne formeront jamais qu'un corps composé, plus ou moins dur, mais toujours dissoluble, et propre au mouvement comme au repos. Regardez comme vous voudrez les facultés de l'homme, vous ne les séparerez jamais les unes des autres; et ses sensations, ses idées et ses sentimens, formeront toujours ensemble un être simple, sensible, intelligent et libre. Ainsi les idées, quand on ne s'en occupe plus, restent nécessairement dans leur état primitif d'indéveloppement, avec cette différence seulement qu'elles ont plus ou moins de facilité pour de nouveaux développemens, selon qu'elles ont été plus ou moins souvent développées. (*Voyez Anti-Condillac, page 23.*)

Il serait absurde de demander où sont les sons d'un clavecin, lorsque cet instrument cesse de raisonner. Pourquoi si absurde, grave philosophe ? Si les sons sont dans votre ame, pourquoi voulez-vous qu'on les déloge ? Votre comparaison suppose que nos facultés sont anéanties à la mort du corps, comme les sons d'un clavecin qui cesse de raisonner ; mais est-ce le clavecin qui raisonne ? Les sons qu'il sert à développer ne se perpétuent-ils pas toujours indéveloppés dans l'ame ? Peuvent-ils cesser d'en être les modes substantiels ? D'ailleurs, où est la parité ? Un clavecin a-t-il une ame ? Si ses sons sont quelque chose hors de nous, ils ne peuvent être qu'un frémissement passager qui ne dure qu'autant qu'on le touche.

DEUXIÈME PARTIE.

De l'art de raisonner.

CHAPITRE PREMIER.

Origine et cause de nos connaissances.

On ne saurait trop observer *les facultés que no-*
tre conformation nous donne, *et l'usage qu'elle*
nous en fait faire. Ni trop craindre, philosophe téméraire, les conséquences fâcheuses qu'on doit naturellement tirer de votre assertion. Car, si c'est notre
conformation qui nous donne nos facultés, ces facultés sont donc dans nos organes ; si nos facultés sont
dans nos organes, nous n'avons donc pour ames que
nos organes, et alors nous ne sommes plus libres ,
puisque c'est une conformation irréformable qui
nous fait faire usage de nos facultés. (*Voyez* Lettres critiques, *page* 35.)

Il n'est qu'un seul moyen de juger des rapports
que les choses ont à nous, *c'est d'observer les sen-*
sations que les objets font sur nous. Mais, raisonneur intrépide, comment observerai-je les sensations
que les objets font sur moi, si je n'ai, en même-tems,
l'idée de ces objets ? Et si j'ai cette idée, à quoi
sert votre observation ? Mon chien, qui n'a que des
sensations, voit les objets comme moi, parce qu'il
n'est pas aveugle, mais s'il avait les idées qui me

B 6

les font observer, ne porterait-il pas plus loin que
moi tous les genres de connaissances, puisqu'il a
des organes plus fins? (*Voyez* Théorie, page 22.)

*La sphère de nos connaissances ne peut s'étendre
au-delà de nos sensations.* Vous êtes donc bien sûr,
docte Condillac, qu'il n'existe point d'objets insensibles, ou que nous n'en avons point d'idées. Si
cela est, vous sautez le pas, et nous ne sommes plus,
selon vous, que des corps sans ames, auxquels il n'a
pas même fallu de créateur pour exister. Vous me
dites que nos sensations nous présentent un Dieu.
Cœli enarrant gloriam Dei; mais s'il suffit des sensations pour cela, pourquoi mon chien qui en a de
plus fines que moi ne voit-il pas Dieu comme moi?
Pourquoi ne se prosterne-t-il pas avec moi, aux
pieds de l'éternel? Si l'idée et le sentiment de la
divinité n'accompagnaient pas mes sensations, d'où
saurais-je qu'il existe un Dieu, et que je dois l'adorer?
Mes sensations peuvent bien me montrer le ciel,
mais non son auteur.

*Les enfans ont, dans leurs facultés naissantes,
de quoi être observateurs et analystes; ils le sont
forcément tant que la nature les conduit seule.* Que
cela est profond, sublime Condillac! quelle leçon
pour un instituteur! Je vois bien que nos connaissances sont susceptibles d'accroissemens; mais qui
peut se persuader que cela s'étende jusqu'à nos facultés? Peut-il y avoir des facultés naissantes, dans
des êtres qui sortent parfaits des mains du créateur?
Les facultés des enfans n'ont-elles pas toutes été créées

ensemble , et ne sont-elles pas toutes identiques à leur être ? La nature ne peut que bien les conduire , sans doute, quand ils la suivent toute entière , parce qu'alors ils ne s'en tiennent pas aux sensations , et qu'ils consultent leurs idées et leurs sentimens ; mais s'ils se bornent aux sensations , ils se trompent tous les jours , même sur les objets sensibles ; ils croyent, par exemple , que le feu est chaud, qu'un bâton est rompu dans l'eau , etc. (*Voyez* Anti-Condillac , *page* 5.)

CHAPITRE II.

Source de nos pensées.

Les mots sont absolument nécessaires pour nous faire des idées de toutes les espèces. Il serait bien plus vrai de dire que les idées de toutes les espèces sont nécessaires, avant de les attacher à des mots ; car, de quel mot, je vous prie, le premier homme fit-il usage, avant qu'il eut une sensation , une idée , un sentiment à exprimer ? Les langues ont été faites d'après nos idées , et non nos idées d'après les langues. Les langues changent tous les jours et nos idées ne changent pas. Nos besoins , nos plaisirs et nos peines existent avant le langage qui les exprime , comme une auberge existe avant l'enseigne.

Il y a un langage inné, quoiqu'il n'y ait point d'idées qui le soient. Dites-nous donc , profond Condillac , ce que c'est qu'un langage inné , sans sensations , sans idées , sans sentimens ? Qu'exprime-t-il ? Quel sens a-t-il ? Est-ce le langage qui fait naître les idées ? La friction d'un briquet sur un caillou ne ferait pas de feu, s'il n'y avait point de feu dans le caillou. (*Voyez* Théorie, *page* 26.)

CHAPITRE III.

Continuation du même sujet.

Les hommes n'ont parlé un langage d'action pour se faire entendre, qu'après avoir observé qu'on les avait entendus. D'accord, mais avant d'avoir parlé ce langage, ne s'étaient-ils pas entendus eux-mêmes ? S'ils s'étaient entendus, ils avaient donc déjà des sensations, des idées et des sentimens développés. (*Voyez* Lettres critiques, *page* 20.)

Ils n'ont pensé à parler avec des sons articulés, qu'après avoir observé qu'on les avait entendus avec de pareils sons. J'en conviens, mais quel sens auraient eu ces sons articulés, s'ils n'avaient été précédés de sensations, d'idées et de sentimens déjà intérieurement développés ? (*Voyez* Anti-Condillac, *page* 50.)

CHAPITRE IV.

Considérations sur les idées générales et abstraites.

Une idée générale ou abstraite n'est qu'un nom, où si elle est autre chose, elle n'est plus générale ni abstraite. Je suis bien fâché pour vous, profond Condillac, qu'il n'existe en effet aucune idée générale ni abstraite, et que vous disputiez *de l'ano supriná.* Les idées que vous appellez générales, ne sont pas effectivement des idées, mais elles ne sont pas non plus un pur nom, elles sont de vrais jugemens. Quand je prononce le mot *homme*, je n'ai pas l'idée d'un homme en général, puisqu'il n'en existe point de tel ; mais je juge, selon ma conscience, et d'après mon expérience, que tous les êtres qui me ressemblent, de figure, sont formés comme moi, d'un corps et d'une ame, puisque je les vois et les entends tous agir et raisonner comme moi. (*Voyez* Anti-Condillac, *page* 21.)

CHAPITRE V.

Des définitions.

Ne mettons pas des définitions pour principes, mais voyons les choses telles qu'elles sont, et commençons par des analyses. Mettrez-vous donc pour principes, des choses que vous n'aurez pas définies ? Mais c'est le moyen de ne pas vous faire entendre. Vous voulez qu'on préfère les analyses aux définitions ; mais comment analyserez-vous sans avoir défini ? Si nous voyons les choses telles qu'elles sont, comme vous l'exigez avec raison, nous en avons l'idée ; et si nous en avons l'idée, pourquoi ne pas les définir ? Les définitions, comme les analyses, ne sont-elles pas le fruit de la combinaison des mêmes idées ?

Si nos idées sont simples, on ne les définira pas. Hé bien, les analysera-t-on davantage ? On ne les définit et on ne les analyse pas une à une, mais on les compare ensemble par des jugemens positifs ou

interprétatifs, par des définitions ou des analyses
indifféremment, puisque ces deux manières de les
comparer nous montrent également leurs rapports
ou leur opposition. (*Voyez* Anti - Condillac ,
page 56.)

*Si les définitions se bornent à nous montrer les
choses, qu'importe que ce soit avant que nous les
connaissions, ou seulement après ?* C'est-là du pur
galimatias, ou une contradiction dans les termes.
Peut-on montrer des choses qu'on ne connaît pas ?
Vous voyez le soleil ; mais pouvez-vous dire que
vous le montrez, si vous n'en faites connaître aucune propriété ? Une définition éclaire plus qu'une
sensation, puisqu'elle présente des idées que la sensation ne saurait donner par elle-même. Mon chien
voit comme moi ; définit-il ? Les définitions ne sont
pas l'ouvrage des sensations qui montrent les objets,
mais celui des idées qui les font connaître ?

*Le mot esprit renferme une idée indéterminée,
parce que tous ne l'entendent pas de la même manière.* Tant il est vrai qu'il faut avant tout de bonnes définitions pour bien déterminer le sens d'un
mot ! au reste le mot *esprit* ne renferme pas, comme vous le dites, une idée indéterminée, puisque
toute idée est déterminée, mais il montre un jugement incertain, parce qu'il présente plusieurs
idées qui, quand elles sont bien comparées, forment
toujours de bonnes définitions, et un sens clair, et
quand elles le sont mal, laissent toujours des doutes
sur sa signification.

CHAPITRE VI.

Nature de l'analyse.

La synthèse est précisément le contraire de l'a-
nalyse; elle nous met hors du chemin des découvertes.
Comment cela cauteleux Condillac ? la synthèse
ne consiste-t-elle pas comme l'analyse, dans une
suite de jugemens renfermés les uns dans les autres ?
Si toutes nos idées sont dans l'ame, comme vous ne
sauriez en douter ; si elles la modifient substantiel-
lement, comme je l'ai prouvé dans l'Anti-Condillac ;
de quelque manière qu'on les compare, elles ne
peuvent jamais être obscures.

CHAPITRE VII.

En quoi consiste l'art de raisonner.

Les données sont renfermées implicitement dans
la question qu'on propose. Si elles n'y étaient pas,
nous ne les trouverions pas. Oui, sans doute, et
c'est pour cela que notre ame trouve ses idées toutes
formées en elle-même , et qu'elle voit dans leurs
comparaisons la solution de tous les problèmes qu'elle
cherche. Ce n'est donc pas dans notre faculté de
sentir, comme vous le dites si souvent, que nous
trouvons les instructions dont nous avons besoin ;
puisque cette faculté est aveugle, mais nous les trouvons dans notre faculté de concevoir, qui renferme toutes nos idées développées et indéveloppées ,
et dans celle de juger, qui a sa source dans les sen-

timens également développés ou indéveloppés, plus ou moins bien examinés que nous avons de tous les objets. (*Voyez* Anti-Condillac, *page* 23.)

CHAPITRE VIII.

Des sources de la certitude et de l'évidence.

Le triangle est terminé par trois lignes ; j'en conçois l'essence, et je puis y découvrir toutes les propriétés de cette figure. Que vous êtes donc heureux, pénétrant Condillac, d'approfondir ainsi les mystères de la nature ! mais pourquoi, avec un talent si rare, n'avez-vous pas encore déduit de l'essence du triangle, toutes les propriétés dont vous parlez ?

Je verrais également toutes les propriétés de l'or dans son essence, si je la connaissais. Comme vous verriez, avantageux philosophe, la témérité de votre assertion, si vous en connaissiez bien toute l'étendue. Détrompez-vous, nous ne pouvons pas plus connaître la nature des êtres créés, en tant qu'elle est une, que celle du créateur, en tant qu'il est un. Dieu seul peut se voir lui-même tel qu'il est ; mais sans approfondir le secret de la création, nous pouvons connaître assez les attributs constitutifs des êtres pour les distinguer, et en tirer tous les secours dont nous avons besoin. Il n'est pas nécessaire que nous connaissions la forme des atomes qui composent l'or, pour en tirer parti, il nous suffit de savoir qu'il est pésant, ductile, malléable, etc., pour en conclure qu'il peut être la matière qui compose notre monnaie, qui entre dans nos plus beaux meubles, etc.

MÉTAPHYSIQUE DE VOLTAIRE

SUR L'AME ET SES FACULTÉS.

Nota. Le philosophe Voltaire n'a pas fait de traité particulier de métaphisique, mais il a répandu dans ses différens ouvrages, et dans son Philosophe ignorant en particulier, des principes sur l'ame et ses facultés, qu'il est essentiel de réfuter, parce qu'ils sont aussi faux, aussi contradictoires et même souvent aussi absurdes que la manière avec laquelle il les présente est tortueuse et séduisante.

§ I.er

Si l'ame n'est qu'une faculté.

L'ame, *petit être inconnu et incorporel, n'est point une substance, mais une faculté, une propriété donnée à nos organes.* Où allez-vous, savant philosophe ? est-il des facultés sans substance, et la pensée peut-elle être une faculté du corps ? Le corps n'est pas même capable de sensations, et il aurait des idées ? Le corps n'a pas le sentiment de ce *moi* intérieur, qui est en permanence chez nous, tout le tems de notre vie, et il aurait des sentimens ? Vous ne devez pas même dire : j'ai une ame, puisque c'est la plus noble partie de nous-même qui doit parler ; mais je suis une ame, c'est-à-dire un être sentant, pensant, jugeant, et vous assurez que nos organes sentent et pensent ? Ah ! faites plus d'honneur à votre jugement, et soyez plus fidèle à votre conscience.

Comment nos facultés seraient-elles attachées à nos organes ? Supposez que *A*, *B*, *C*, soient les trois substances qui composent notre corps, et en partagent les différentes perceptions ; où se fera la comparaison de ces perceptions ? Ce ne sera pas dans *A*, puisqu'il ne saurait comparer la perception qu'il a avec celles qu'il n'a pas ; ce ne sera pas plus dans le *B* ni dans le *C*, par la même raison ; il faut donc admettre un point de réunion, une substance unique, qui soit en même-tems le sujet simple et indivisible de toutes les perceptions, distincte par-conséquent du corps, et conséquemment ame. En effet, pour que la matière qui compose nos corps pût penser sans ame, il faudrait que nos idées fussent étendues et divisibles comme nos corps, ce que, sans doute, vous auriez honte d'admettre.

Vous me dites que le mouvement et la gravitation de la matière n'ont ni étendue, ni division, et qu'elles n'en sont pas moins des propriétés de la matière ; mais, si ces deux manières d'être sont spirituelles et indivisibles dans l'abstrait, parce qu'en ce sens, elles sont les idées des êtres intelligens, ne sont-elles pas étendues et divisibles dans le concret, comme les corps eux-mêmes, dont elles sont des modes accidentels ? Le poids et le mouvement de chaque atome sont toujours relatifs à la place qu'il occupe dans la chaîne des êtres, et à la distance qu'il y parcourt. (*Voyez* Anti-Condillac, *pages* 4 et 41.)

§ 1 1.

Si les modes des objets ne sont que nos perceptions.

Une substance n'est que l'assemblage de ses modes, et les modes des objets ne sont que nos perceptions. Quoi! grand Voltaire, nous ne sommes que des êtres imaginaires; nous n'existons qu'en idées? Une substance n'est que l'assemblage de ses modes, sans doute, mais ces modes ne sont-ils pas substantiels? Les idées que nous avons de chaque mode d'une substance, n'ont-elles pas leurs fondemens dans la substance même? N'est-ce pas parce que nos idées sont conformes à l'essence de cette substance, qu'elles sont propres à nous la faire connaître? Voudriez-vous que nos idées fussent conformes à nos organes? Elles seraient corporelles. Et ne dites pas que nos idées sont aussi accidentelles que nos perceptions; car nos perceptions ne sont accidentelles elles-mêmes que dans le sens qu'elles ne sont pas nécessairement développées. C'est par nos idées que nous concevons; c'est d'elles, de nos sensations et de nos sentimens que se composent les matériaux substantiels de notre existence spirituelle, comme ceux de toutes nos connaissances. Le néant n'a point de propriété, et les trois modes qui constituent notre ame, ont celle de pouvoir sentir, concevoir et juger, sous leurs rapports respectifs, tous les objets sensibles et insensibles, existans et possibles dans notre ordre.

§ III.

Si c'est Dieu qui agit en nous.

S'il y a quelque chose de sublime dans le sys-
tème de Mallebranche, qui voyait tout en Dieu,
il n'y en a pas moins dans le système des stoïciens,
qui pensaient que c'est Dieu qui agit en nous, mens
agitat molem. Ah! philosophe trop crédule, où il
ne faut pas, vous admirez ces deux systèmes! ils
ne valent pas mieux l'un que l'autre. Dans le premier nous ne sommes pas libres, puisque nous voyons
tout dans un être immuable; dans le second, nous
ne le sommes pas davantage, puisque c'est Dieu qui
existe et agit en nous. L'ame voit tout en elle-même,
parce qu'elle est l'image de Dieu qui voit tout dans
son être, et elle est libre, parce qu'elle n'agit et
ne se détermine pas nécessairement Elle n'a pas
le choix des facultésqui la constituent, puisqu'elles
viennent de Dieu seul, mais elle l'a de l'usage
qu'elle en peut faire. (*Voyez* Théorie, *page* 16.)

Une cause sans effet est une chimère, comme
un effet sans cause. Que voulez-vous dire par-là,
illustre philosophe? que Dieu a toujours été occu-
pé à créer? mais rien ne prouve que le monde soit
éternel. Que Dieu agit toujours en lui-même et sur
lui-même? Alors vous dites vrai, puisqu'un être infiniment actif ne peut-être oisif; mais cela ne prouve
pas que Dieu qui conserve tous ses ouvrages, fusse
aussi le nôtre; l'action de Dieu sur ses créatures
n'exclut pas notre coopération.

§ I V.

Si Dieu peut donner la faculté de penser à tout
être.

Si l'être éternel a fait le don de sentir et de pen-
ser à des êtres autres que lui, il leur a donné ce
qui ne leur appartient pas essentiellement, et il peut
conséquemment donner cette faculté à tout être.
Quoi ! raisonneur intrépide, Dieu donnerait à un
être quelconque ce qui n'appartient pas à l'essence
de cet être ? Dieu peut-il concevoir des êtres sans
leurs essences, et ces essences, Dieu ne les voit-il
pas nécessairement en lui-même dès l'éternité ? La
pensée ne peut pas ne pas appartenir aux esprits,
et quand Dieu en crée, il ne peut pas la leur
refuser.

Direz-vous avec Condillac, pour nous faire croire
que nous devons nos idées à nos sensations, et nos
sensations à nos organes, qu'il est possible qu'une
statue organisée comme nous, soit animée d'un esprit privé de toute espèce d'idées ? mais outre que
votre assertion suppose ce qui est en question, elle
est une contradiction dans les termes. Sans sensations, une statue n'a point de vie animale, ni même
d'instinct, puisque l'instinct n'est que le premier
mouvement des sensations. Sans idées, elle n'a point
d'intelligence, puisque sans elles on ne conçoit point
d'objets. Sans sentimens, elle n'a ni sociabilité, ni
liberté, puisqu'elle manque de volonté. Que veut
donc dire Condillac, quand il assure qu'une statue

bornée au sens de l'odorat, ne peut connaître que des odeurs, puisqu'il n'est point de connaissances sans idées? connaissance suppose comparaison, et toute comparaison suppose des idées. Comment concevoir, avec lui, une statue qui a des besoins? Si elle est statue pure, elle n'a pas de besoins; et si elle est animée, qui sent en elle ces besoins, sinon l'être qui lui est uni?

§ V.

Si tout être pensant est Dieu.

Une substance dont l'essence est de penser, et qui pense par elle-même, est un Dieu. Oui, sublime Voltaire, si dans l'être qui pense, cette faculté est incréée, parce qu'alors elle est infinie, et ne dépend de personne pour exister; mais si elle est créée et bornée, comme dans l'homme, peut-on dire qu'elle est Dieu? Rien de créé n'est indépendant du créateur, ni conséquemment Dieu.

§ VI.

Si l'ame reçoit du dehors ses sentimens et ses pensées.

Quand nous aurions l'idée de la substance de l'ame, nous ne pourrions deviner comment elle reçoit des sentimens et des pensées. Quoi, en vous persuadant que notre ame est formée, comme je l'ai dit, de trois modes substantiels, sensations, idées, sentimens, vous ne concevriez pas qu'elle ne reçoit rien du dehors, mais qu'elle voit tout en elle-même

même ? parce que tous ses sentimens et ses pensées
y sont. Ah ! je pense mieux de votre pénétration.

*Si nous connaissions la cause de nos sensations
et de nos pensées, nous prédirions nos sensations
et nos pensées, comme nous prédisons les phases et
les éclypses de la lune.* Nous connaissons les phases
et les éclypses de la lune, parce que cette planette,
qui est matérielle et passive, est invariablement sou-
mise à des lois phisiques que nous connaissons, mais
nous ne pouvons pas prédire nos sensations et nos
pensées, parce que nous ne connaissons pas sûrement les développemens futurs de nos facultés ; que
notre ame est libre dans l'usage qu'elle en fait, et
que les causes occasionnelles qui amènent ces développemens ne dépendent pas de nous. (*Voyez*
Questions aux Philosophes, *pages* 9 *et* 11.)

§ V I I.

Si nos pensées sont attachées au cerveau.

*Dieu a attaché à une partie du cerveau la fa-
culté d'avoir des idées.* Quoi ! toujours le cerveau
pour magasin de nos idées ? Depuis quand la matière est-elle la matrice de l'esprit ? Si cela est ,
pourquoi avez-vous dit si souvent que c'est de Dieu
immédiatement que viennent nos idées? Sans doute
il ne faut pas que le philosophe d'aujourd'hui res-
semble à celui d'hier.

*L'ame ne fait pas plus ses idées que celui qui
ouvre un robinet, ne forme l'eau qui en coule.*
Oui, car toutes nos idées sont dans l'ame, et c'est

C

l'ame qui les fait toutes passer par le robinet du
cerveau. Si nos idées étaient dans le cerveau, que
deviendraient-elles à la mort du corps? Etes-vous
bien sûr qu'alors il n'y a plus d'idées? (*Voyez Anti-Condillac, pages* 24 *et* 35.)

*Il est ridicule que Dieu donne aux individus hu-
mains, dès le ventre de la mère, des notions qu'il
faut entièrement leur enseigner dans la jeunesse.*
Comme il serait ridicule qu'un philosophe parvint
à la vieillesse, sans vouloir avouer qu'un gland con-
tient la semence d'un chêne, que la végétation développe à la longue. Ne suffit-il pas à des ames formées d'idées, de pouvoir développer ces idées dans
le besoin? N'avons-nous pas toujours d'avance le sentiment de toutes les vérités que nous découvrons successivement? Est-il besoin que Dieu inculque aux
esprits les modes mêmes qui les constituent? Et ne
dites-vous pas vous-même, dans votre Philosophe
ignorant, que nous apportons, en naissant, le germe de tout ce qui se développe en nous? Compa-
rez donc mieux vos idées, et soyez plus conséquent.
(*Voyez* Anti-Condillac, *page* 13.)

§ VIII.

S'il est des idées innées.

*Nous n'avons pas plus d'idées innées que Ra-
phaël n'avait de pinceaux en venant au monde.* Sur
quoi donc fondez-vous l'intelligence humaine? Nos
idées et leurs objets ne sont-ils pas aussi nécessaires
aux sciences que nous cultivons, que le pinceau et

les couleurs l'étaient à Raphaël pour la peinture ?
Sans objets point d'idées ; sans idées point de sciences. (*Voyez* Questions aux Philosophes, *page* 3.)

Petit à petit nous recevons des idées composées
de ce qui frappe nos organes. N'est-il pas bien plus
vrai de dire, Monsieur, qu'en comparant avec nos
idées, les objets qui frappent nos organes, nous
formons nos jugemens ? Nous ne recevons point d'i-
dées, elles sont en nous. Nos idées ne sont jamais
composées, elles sont toujours simples. Qui nous les
donnerait, si elles n'étaient pas en nous ? Sont-elles
incrustées dans leurs objets, ou en sortent-elles comme la sottise d'une tête philosophique ?

Notre mémoire retient les perceptions de l'ame,
et nous les rangeons ensuite sous des idées géné-
rales. L'ame est active de sa nature ; elle n'agit
qu'en jugeant. Quand l'ame range ses idées, elle
les compare, et quand elles les compare, elle juge, et c'est ce que vous appellez, mal-à-propos,
idées générales. (*Voyez* Anti-Condillac, *page* 21.)

Lorsque les sens nous manquent, les idées nous
manquent aussi. Assertion n'est pas preuve : un
grenier dont les portes sont fermées, n'est pas vuide
pour cela. Les sens, c'est-à-dire les organes, sont
la clef qui ouvre le grenier de nos idées, mais ils
ne sont pas les matériaux qui composent nos connaissances. (*Voyez* Théorie, *page* 13.)

Le sauvage reste sauvage, si on ne l'instruit. Si
cela est, Monsieur, de qui donc avait reçu ses instructions, le premier qui en a donné aux autres ?

Fournissez au sauvage des vivres et des vêtemens
en abondance, il s'instruira de lui-même. N'est-ce
pas par les réfl. xions que fait naître le repos que les
premiers riches de la terre sont parvenus, en s'é-
clairant eux-mêmes, à éclairer et civiliser les grandes
et petites sociétés ? (*Voyez* Lettres critiques ,
page 32.)

§ I X.

Si nos idées viennent des objets extérieurs.

Nos idées viennent des objets extérieurs. Pourquoi donc, grand Voltaire, dites-vous, dans votre
commentaire sur Mallebranche, *que ne pouvant nous
donner nos idées, il est naturel que l'être éternel,
producteur de tout, les produise en nous, de quelque manière que ce puisse être?* Pourquoi tant
de variations dans les principes ? Quelle analogie
trouvez-vous entre les objets corporels et nos facultés spirituelles? L'idée d'un cercle sort-elle matériellement du cercle ? Nous ne nous donnons pas
nos idées, puisque Dieu en a formé nos ames, mais
nous les développons ; les objets extérieurs ne les
font pas naître, mais ils servent à les faire connaître.
(*Voyez* Anti-Condillac, *page* 38.)

CONCLUSION.

Vous voyez, triste et tortueux Condillac, et vous goguenard et séduisant Voltaire, avec quelle facilité j'ai répondu à vos plus fortes objections, et cela d'après un système qui ne devrait pas paraître nouveau, puisque chacun en trouve les principes en soi-même ; avouez donc, ou qu'il faut admettre ce système, ou qu'il est nécessaire de le détruire ; mais, comment détruire ce qui est fondé sur les élémens constitutifs des êtres ? Il est aussi difficile d'oter à l'eme ses indivisibles facultés, et les modes substantiels qui les fondent, que d'oter au corps sa divisible composition, et aux atomes qui le forment leur solide simplicité : *constant namque suis entia cuncta modis.*

FIN.

AUTRES OUVRAGES DU MÊME AUTEUR,

EN VENTE A PARIS.

L'Ami Philosophe et Politique, chez Théophile Bar_rois, le jeune, Libraire, rue Haute-Feuille, N.º 22.

Questions Philosophiques sur la Religion naturelle, chez Laurent, le jeune, rue St.-Jacques, et Aubry, rue de L'hyrondelle, N.º 30.

Lettres critiques sur plusieurs questions de la Métaphisique moderne, chez les mêmes.

Théorie de l'ame des bêtes, chez les mêmes.

Leçons métaphisiques sur l'existence et la nature de Dieu, chez les mêmes.

Questions aux Philosophes du jour sur l'ame et la matière, chez les mêmes.

L'Anti-Condillac, chez les mêmes.

www.ingramcontent.com/pod-product-compliance
Lightning Source LLC
LaVergne TN
LVHW022157080426
835511LV00008B/1454